Pauline-Odette VIAN
Professeur d'École Normale

Lucienne SELLERI-DE COSTER *et* **Nicole PACIFICO-LUINI**
Institutrices de Cours Préparatoire
Conseillères pédagogiques auprès des Écoles Normales

Paul BONNEVIE
Inspecteur Départemental de l'Éducation Nationale

Lecture en fête

MÉTHODE DE LECTURE

Livret 2

Classiques Hachette

TABLE DES MATIERES

Qu.	Textes	Des phonèmes aux graphèmes	Pages
	Si on se déguisait ?		4 à 6
	Frédéric fabrique des masques		7
	Devinette		8
9	Vacances avec ou sans mon lapin ?		8
	Dominique fait des crêpes		9
	L'habit d'Arlequin		10-11
		[e] ou [ɛ] [ʃ]	12
		[ɛ̃]	13
		[ɑ̃] [ɔ̃] [ɛ̃]	14
		[wɛ̃] [f]	15
	La dent de Pierre		16 à 19
	Menus		20
	L'affiche		20
	Un acte de courage		21
10	Histoire drôle		22-23
		[z]	24-25
		[ø] [œ]	26
		[ʒ]	27
		[ə]	28
	La nuit	[g]	29
	La chauve-souris (*Robert Desnos*)		30 à 32
11	Le fantôme du salon		33
	L'aventure de François		34-35
			36-37
		[j]	38 à 40
	Le bras cassé	[ɲ] kR/gR kl/gl	41
	La couveuse		42 à 44
	La piqûre de guêpe		45
12	Code du piéton		45
	Le conte des trois frères		46
	Iles (*Jean Cocteau*)		47 à 50
			51

ISBN 2-01-008580-9

Qu.	Textes	Des graphèmes aux phonèmes	Pages
12	**Le bras cassé** (suite)	an - en - in - on	52
13	**Les petits de Noukette**	x	53
	Noukette rêve		54
	Les petits lapins d'Agnès		57
	Magali reçoit une lettre		57
	Blanchou		58
			59 à 61
		h	62
14	**L'hirondelle raconte son histoire**	c	62
	Une chatte parcourt 100 km...	er - s - t	63
	L'apprenti-jardinier		64 à 66
	Protégeons la nature		67
	Le jardin interdit		68
	Le rosier de madame Sainfoin		69
			70
			71 à 73
15	**Le nouveau logement**		74 à 76
	La visite du nouvel appartement		77
	Le déménagement		78
	Découverte du quartier		79
	Jean-François va dormir chez Sébastien		80-81
		g - il - ill	82
16		eu - cc - y	83
	L'arrivée des forains		84-85
	Stéphanie va à la fête		86
	Le feu d'artifice		87
	Au cirque		88-89
	La fête des gitans		90 à 94
	La couleur locale (*Jacques Prévert*)		95
	Table		96

Si on se déguisait ?

Pierre, Olivier et la sœur de Joëlle sont invités chez Magali.
« Si on se déguisait ? propose Magali.
Maman, tu nous prêtes la vieille valise ?
— Bien sûr ! »
Les enfants trouvent la vieille valise dans un coin du grenier.
Elle est pleine de vieux habits.
Il y a aussi des bagues, des colliers, des ceintures.
« Regarde, Olivier, cette longue chemise à fleurs.
— Tiens, un chapeau de grand-mère, une cape !
On dirait la cape de Zorro. »
Quand ils sont déguisés,
les enfants se promènent dans la maison.
« Vous êtes beaux ! dit Maman,
mais il vous manque peut-être un masque. »

On est déguisé

en cuisinier

en fée

en grand-mère

en reine

en Pierrot

en Zorro.

Si on se déguisait ?
Si on se promenait ?
Si on lisait ?
Si on regardait la télévision ?
Si on allait chez grand-mère ?

Si tu ouvrais la valise,
tu trouverais des masques.
Si tu venais chez moi,
on se déguiserait.
Si tu me prêtais ta bague,
je te prêterais la ceinture de Zorro.

Vous êtes beaux, mais vous criez trop !
Ton chien est vieux, mais il court encore vite.
Votre voiture est vieille, mais elle roule toujours.
La sœur de Joëlle tombe souvent, mais elle ne pleure jamais.

C'est une vieille valise.
Voilà une longue chemise.
La malle est pleine d'habits.
Ma sœur est belle.

C'est un vieux chapeau.
Voilà un long manteau.
Le grenier est plein de jouets.
Mon frère est beau.

Frédéric fabrique des masques d'animaux

Il faut :

— des grandes enveloppes de papier kraft ; (Il faut que ta tête puisse entrer dedans ; sinon, fabriques-en toi-même.)

— des ciseaux, de la colle, des feutres.

1) Coupe la languette.

2)

Le lion

Fais des franges en haut et en bas.

L'oiseau

Fais des franges en haut.
Colle un bec.

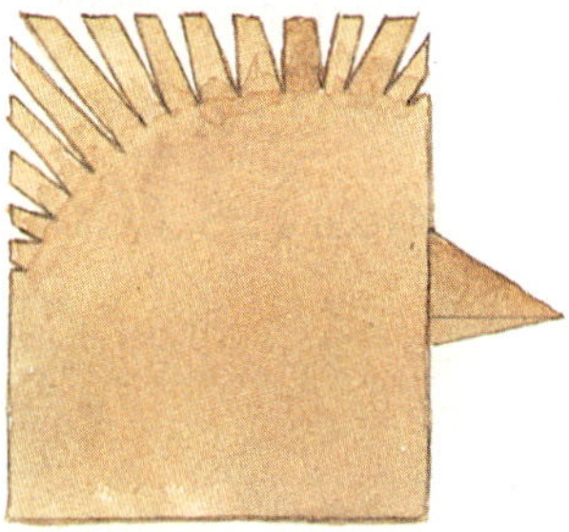

Le chat

Découpe les oreilles.
Arrondis en bas.

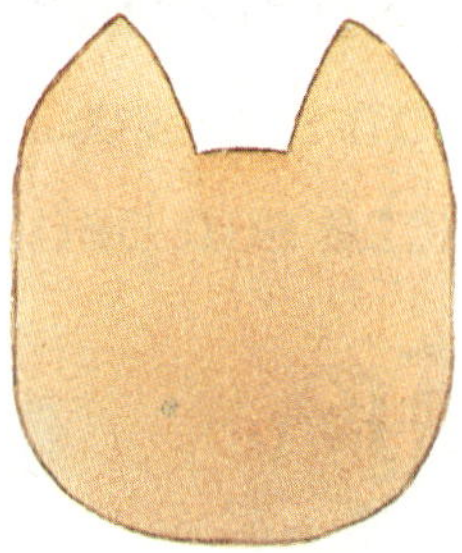

3) Décore.

Devinette

Barbara porte une longue robe jaune
qui cache ses sandales dorées.
Elle porte aussi une belle cape de velours
et, sur la tête, une couronne qui brille.
En quoi est déguisée Barbara ?

Vacances avec ou sans mon lapin ?

Bientôt, Dominique sera en vacances.
Elle partira chez sa grand-mère, à la montagne.
Aujourd'hui, mercredi, elle ne sait pas quoi faire.
Maman lui dit : « Va chercher la valise. »
Maman met les habits dans la valise : pantalons,
chemises de nuit, chaussures et tout ce qu'il faut.
« Maman, je peux mettre aussi mon petit lapin
en peluche rouge ? Je l'aime beaucoup.
— Oh ! dit Maman, il est vieux et tout déchiré. »
Maman s'en va. Dominique ouvre vite la valise
et cache son petit lapin sous les habits.

Mercredi

Frédéric et Barbara jouent à cache-cache
puis au ballon, dans la cour.
Frédéric dit : « Rentrons à la maison.
J'ai un livre sur les masques. On va en faire.
Ensuite, nous mangerons les crêpes que maman a faites ».

Dominique fait des crêpes

Il faut pour 15 à 20 crêpes :
- — 300 g de farine
- — 3/4 l de lait
- — 3 cuillerées à soupe de sucre
- — 5 œufs
- — un peu de sel
- — 100 g de beurre

Pour faire la pâte

Mettre la farine dans un saladier.
Ajouter le sucre et le sel.
Casser les œufs un à un dans le saladier.
Verser un peu de lait. Mélanger. Ajouter le reste du lait.
Verser le beurre fondu dans la pâte. Bien remuer.
Laisser reposer la pâte deux heures.

Pour cuire les crêpes

Faire fondre un peu de beurre dans la poêle ;
y verser un peu de pâte.
Etaler la pâte.
Faire cuire la crêpe 2 minutes. La retourner.
La faire cuire encore 2 minutes.

Servir avec du sucre en poudre, de la confiture ou du beurre.

L'habit d'Arlequin

En Italie, autrefois, les enfants aimaient se déguiser pour la fête de Carnaval. Ils se déguisaient en Pierrot, en fée, en pirate... On préparait les déguisements à la maison et dans les écoles.
Le jour du Carnaval, les enfants mettaient leurs beaux habits puis ils défilaient dans la rue, avec les chars, en dansant et en chantant.

Cette année-là, à Venise, il y avait un petit garçon très pauvre. Il s'appelait Arlequin.
Sa maman ne pouvait pas lui faire un déguisement.
Le petit Arlequin était très malheureux.

Ce jour-là, il ne vient pas à l'école.
Alors, la maîtresse et les enfants de sa classe ont une idée.
L'après-midi, chacun apporte des morceaux de tissu.
On les découpe avec soin, en petits losanges.
La maîtresse aide les enfants à les coudre ensemble.
Puis elle fait un habit, dans ce tissu de toutes les couleurs : rouge, jaune d'or, bleu roi, vert...
Enfin, les enfants fabriquent un beau chapeau à deux pointes.

Le lendemain, à l'école, Arlequin trouve son bel habit neuf.
Fou de joie, il embrasse sa maîtresse et ses camarades.

Au Carnaval, tout le monde admire l'habit d'Arlequin.
Depuis ce jour-là, les enfants aiment bien choisir ce déguisement.

	et	ai	è	ê
[e] ou [ɛ]	mets de l'eau un jouet un piquet un ticket un bonnet	le balai il était une fois si je pouvais la maison nous aimons	près de toi dès demain très bien	un arrêt nous rêvons fêtons Noël

	ch		
[ʃ]	chez chapeau chemise	marché achète caché	marche dimanche cache

je me cache
Pierre se couche
ne touche pas !
la douche
une mouche

je vais chez lui
c'est mon chat — c'est ma chatte
j'aime le chou
du café chaud — de l'eau chaude
tu as le choix — tu choisis

cache-toi !
mâche bien !
une tache
une vache
lâche-moi !
une hache

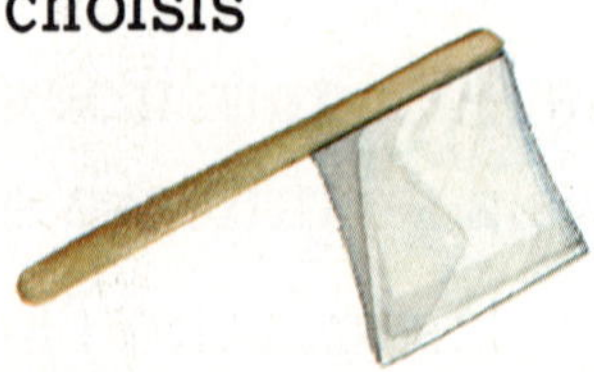

chère maman...
cher papa...
un char — une charrette

	in			ain		
[ɛ̃]	invité instituteur	cinq	jardin moulin sapin			copain pain demain

	ein		en	
[ɛ̃]	ceinture peinture	plein	bientôt	bien viens tiens

un sapin
un lapin
une pomme de pin
Papa boit du vin
le numéro vingt — une vingtaine d'enfants
la fin du film — enfin

mon copain
du pain
un bain
un nain
ma main
c'est ainsi

la peinture — un peintre — il peint
la teinture — un teint clair

c'est bien — à bientôt
ce n'est rien
je viens — je reviens
c'est le tien — retiens-moi !
c'est le mien
c'est le sien
son chien

un train
je crains le froid
Vincent se plaint

j'ai faim !

c'est impossible
il est imprudent
je grimpe
c'est simple

il est imbattable
c'est imbuvable
un timbre

un pompon
la trompette
c'est complet
je compte

à l'ombre
un nombre
c'est sombre

l'ampoule
une lampe
je campe
un camp
un champ

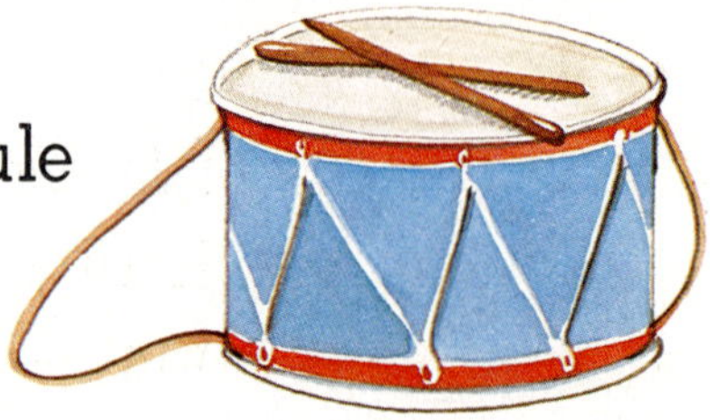

une ambulance
un tambour
la jambe
ma chambre
un bambou

emporte-le
empiler
la température
le temps
longtemps
le printemps

embellir
emballer
embrasser
ensemble
trembler
septembre

	oin		
[wɛ̃]			coin

un coin
les soins
c'est loin
va moins vite !
un point — la pointe
un coup de poing

	f			ff	
[f]	fille fleur il fait	enfant	neuf	chauffer affolé	chauffe

une fille
une file de voitures
quelle foule !
un four — une fourmi

	ph		
[f]		téléphone	

un téléphone
un éléphant

une phrase
un phare
un phoque
une photo
un photographe
une pharmacie

le masque est fait — la crêpe est faite
la neige fond — elle a fondu
Fabrice fend du bois
je suis fou de joie
mi, fa, sol — c'est facile !
il était une fois... — parfois

j'ai soif il est neuf

La dent de Pierre

Lundi matin, Pierre a pleuré en arrivant en classe.
Il avait très mal à une dent.
« Ne pleure pas ! lui a dit Virginie. J'ai eu une dent cariée.
Quand le dentiste l'a soignée, je n'ai pas eu mal du tout !
— Moi, c'est surtout la fraise qui me fait peur
avec son bruit bizarre.
Et puis, je ne veux pas qu'on arrache ma dent.
— Tu n'es pas courageux ! » a répondu Virginie, en souriant.
Pierre était un peu vexé.

Le mercredi suivant, chez le dentiste, il n'a pas pleuré.
Mais depuis, il a essayé de manger moins de bonbons.

Nous avons trois sortes de dents.
Quand on mange, les incisives coupent,
les canines déchirent et les molaires écrasent.

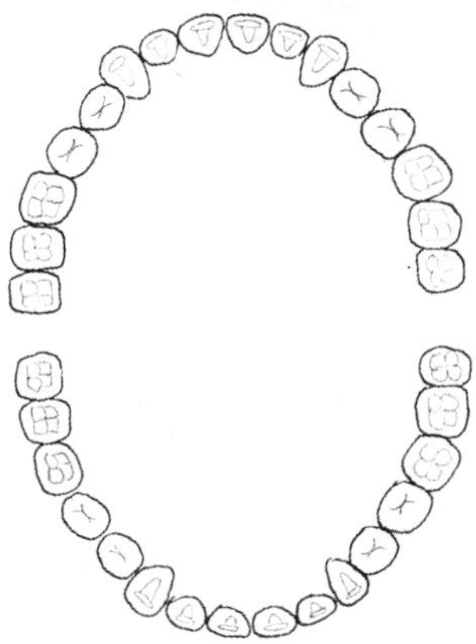

Nos premières dents n'ont pas de racine.
On les appelle des *dents de lait.*
Elles commencent à tomber quand nous sommes
au cours préparatoire.
De nouvelles dents, avec racine, les remplacent très vite.
On les gardera longtemps.

Comment se forme une carie ?

Le soir, ce petit enfant mange un bonbon.
Il va se coucher sans se brosser les dents.
Pendant la nuit, les microbes s'accrochent au sucre
resté sur les dents.

Peu à peu, un trou se creuse dans la dent : c'est une carie.

Quand le dentiste a soigné ma dent,
je n'ai pas eu mal du tout.
Quand Pierre a pleuré,
je l'ai consolé.
Quand maman m'a prêté la vieille valise,
nous nous sommes déguisés.

Il pleure.
Elle me soigne.
Tu as mal à une dent.

Il a pleuré.
Elle m'a soigné.
Tu as eu mal à une dent.

C'est surtout la fraise qui me fait peur.
C'est surtout Magali qui a eu du courage.
C'est surtout ce chapeau qui est bizarre.

Il est allé chez le dentiste.
Il est allé chez le médecin.
Il est allé chez la voisine.
Il est allé chez le boulanger.

MENUS

Menu du hérisson

Sauterelles vertes
Hannetons
Vers de terre
Limaces bien juteuses

Menu du petit chien

Viande hachée
Riz cuit à l'eau
Carotte râpée
Biscuit pour chien

Menu farfelu

Œufs de crocodile en gelée
Boulettes de rhinocéros
Salade de lianes
Galette d'éléphant au miel

Lu dans le journal du 10 août 1985

Un acte de courage

Hier après-midi, deux amis, Paul et Michel (14 ans), jouaient au ballon sur la plage.
Tout à coup, ils voient un baigneur à une dizaine de mètres du bord.
Le malheureux agite les bras : il est en train de se noyer.
Aussitôt, les deux garçons se jettent à l'eau.
Ils nagent rapidement vers le baigneur.
Ils le ramènent sur la plage.
Le baigneur reçoit les premiers soins.
Puis une ambulance vient le chercher et le conduit à l'hôpital.
Il s'agit de Monsieur Dujardin, âgé de 50 ans, demeurant 47, rue de la Boulangerie.
Les autres baigneurs ont félicité Paul et Michel pour leur courage.

Histoire drôle

Monsieur de Bouchefine était un homme très riche et très gourmand.

Il avait un cuisinier qui lui préparait de bons petits plats.

Mais ce cuisinier devenait bizarre.

Il mettait du sucre dans les frites ; il ajoutait du miel dans la salade !

Monsieur de Bouchefine se mettait en colère.

Il ne mangeait plus. Il finit par dire au cuisinier :

« Encore une bêtise et je vous renvoie ! »

Un matin, le cuisinier se met à préparer une énorme mousse au chocolat.

Il casse cinq douzaines d'œufs, puis il verse les blancs dans son grand batteur électrique, avec le chocolat fondu.

Il met le batteur en marche mais il oublie de l'arrêter.
La mousse au chocolat déborde sur la table.
Elle coule sur le sol de la cuisine.
Le cuisinier, affolé, veut arrêter le batteur.
Il tombe dans la mousse et se barbouille des pieds à la tête.
Il pousse des cris.
Voilà la femme de ménage qui arrive avec son balai.
Elle tombe dans le chocolat.
Les chiens de la maison arrivent, eux aussi.
Hop ! ils sautent dans la mousse : « Ouah ! Ouah ! Ouah ! »

Monsieur de Bouchefine se précipite à la cuisine.
Il trouve tout ce monde, barbouillé de chocolat.
Il rit tellement qu'il pardonne tout.
Le cuisinier retrouve ses idées.
Et Monsieur de Bouchefine retrouve ses bons petits plats.

	z			s	
[z]	Zorro	bizarre	onze douze	maison déguisé besoin	valise chemise fraise

	les liaisons
[z]	je suis allé vous êtes beaux de vieux habits

Zorro
zéro
un zèbre
le zoo
en zigzag

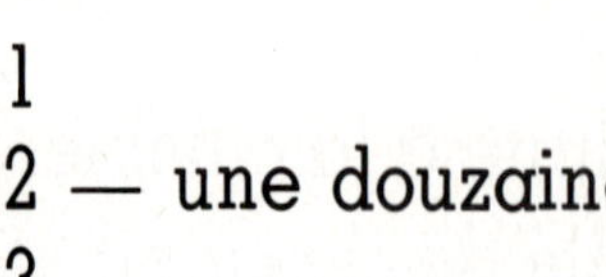

la Côte d'Azur
du gazon
une gazelle
un lézard
un bruit bizarre
du gaz
un trapèze

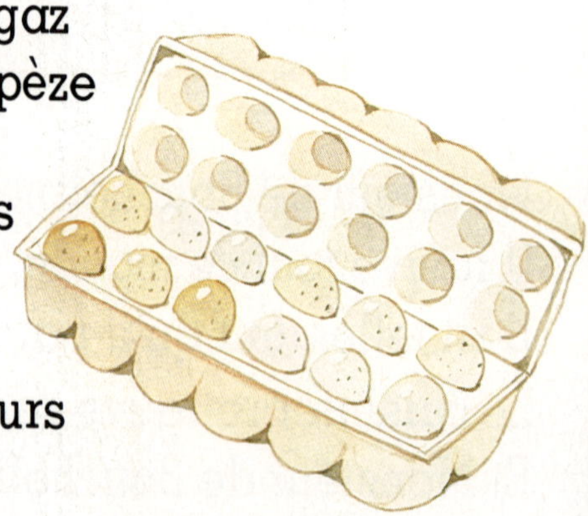

onze 11
douze 12 — une douzaine d'œufs
treize 13
quatorze 14
quinze 15 — une quinzaine de jours
seize 16

ma maison
c'est la saison des fleurs
tu as raison
du raisin

il faut que je dise la vérité — je disais : oui !
il voudrait que je lise bien — lisez ce livre
Mathieu vise bien — la télévision
un vase
Papa se rase — un rasoir
la ruse du renard — il est rusé
une rose — un rosier
pose ton livre ! — reposons-nous !
une chose

une crise de foie
une prise — une prison
une frise — tu es frisé

un oiseau
mon voisin
la musique
c'est amusant
du mimosa

	eu			œu	
[ø]	eux		peu je veux courageux	des œufs	

un peu
un jeu
du feu
la queue du chat
je veux nager
tu as deux ans
pour eux

il pleut
un ciel bleu

des cheveux blonds
des yeux bleus

un vieux chapeau
c'est mieux

des œufs
des bœufs
des vœux
un nœud

	eu		œu	
[œ]	heure	peur fleur pleure	un œuf	sœur

une heure
du beurre
j'ai peur — un campeur
leur classe — une couleur
une fleur
je pleure

un œil

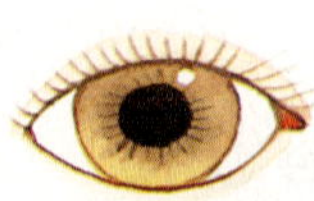

un œuf
un bœuf
ma sœur
mon cœur

Nicolas est seul — Corinne est seule

	j		g		
[ʒ]	jardin jouer jaune	déjà toujours	gencive	boulangerie courageux mangera	neige mange rouge

la neige
je nage — le ménage
la rage — un orage
tu es sage — un message
une cage
une page
quel âge as-tu ?

un jardin
un jour — toujours
je joue — il ajoute
du jus de fruit
un jeu
un jet d'eau — ne jette rien !
quelle joie !

Rémi nage — en nageant — les nageoires
Barbara mange — en mangeant — la mangeoire
je plonge — en plongeant — le plongeoir
Virginie bouge — en bougeant

tu me gênes
un géant
des gens
Frédéric est gentil

une girafe
une girouette
la mer est agitée

un pigeon
un bourgeon
la rougeole

e

[ə] (entendu)

un grenier
mercredi
nous serions bien
dehors !
prenez tout

le haut du sapin
avec le car
des vers de terre
que voit-elle ?
lavez-le

[ə] (non entendu)

la cari(e)
la fé(e)
la ru(e)
j'oubli(e)
on jou(e)
ell(e) est tombé(e)

un(e) odeur
cett(e) eau
ma grand(e) ami(e)
la bonn(e) anné(e)
du sucr(e) en poudr(e)
la chemis(e) à fleurs

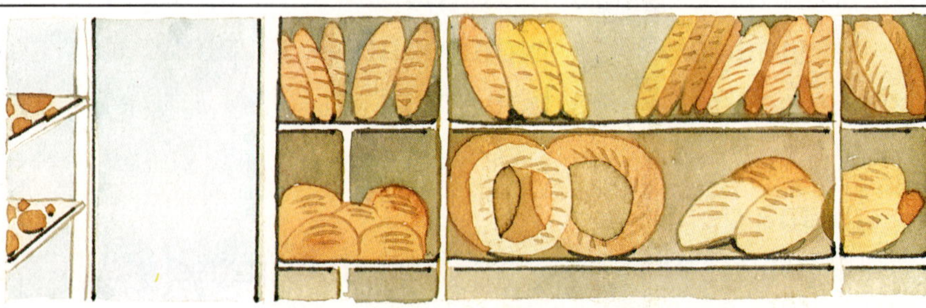

[ə] (entendu) ou [ə] (non entendu)

un déguisement
la boulangerie
le lendemain
tu trouveras tout
si on se déguisait... ?

vous êtes beaux
c'est une grande fille
tu ne viens pas ?
elle est pleine d'habits
cette valise

	g			gu		
[g]	galette grand grenier	Magali regarde légume	zigzag	guirlande	déguisé téléguidé	bague longue catalogue

une galette
la gare — un garage
je te gâte — un gâteau
tu te gaves de bonbons
un gage — dégager
ma gomme — des gommettes

une robe longue
ma langue

une bague
une vague
le bateau vogue

le goût — le goûter
un gant — tu es élégant
c'est gai — la gaieté

une guêpe
je n'aime guère la soupe

il est grand — elle est grande
il est gras — elle est grasse
il est gros — elle est grosse
il est gris — elle est grise

des grains de café

Alain est déguisé — un déguisement
du gui — un guide — la guitare

le chat guette la souris — une baguette

La nuit

Ce soir, Olivier et son grand frère sont déjà couchés.
Maman n'a pas encore fermé les volets.
De leur lit, ils voient le jardin et le ciel.
« Ecoute le bruit des feuilles, dit Alain.
Regarde toutes ces étoiles.
C'est magnifique ! J'aime la nuit.
— Pas moi, dit Olivier. J'ai peur du noir.
Tu sais bien que je ne peux pas m'endormir tout de suite.
— Ferme les yeux et compte les moutons dans ta tête :
un, deux, trois... jusqu'à cinquante.
Tu seras endormi bien avant.
— Pourvu que je ne fasse pas de cauchemar !
— Si tu lisais une histoire amusante,
tu ferais peut-être, des rêves plus gais! »

Toutes les étoiles ont un nom.
Chaque soir, la première étoile qui paraît est l'étoile du berger.

Si tu regardes la lune, tu peux voir :

le croissant de lune ou la pleine lune ou le premier quartier ou le dernier quartier.

Le Soleil est la plus grosse étoile du ciel. Le jour, il éclaire la Terre.

Quand le Soleil n'éclaire plus la Terre, c'est la nuit.

En hiver, il fait encore nuit quand tu te lèves, et il fait déjà nuit quand tu te couches :
le jour est plus court que la nuit.

En été, il fait déjà jour quand tu te lèves et il fait encore jour quand tu te couches :
le jour est plus long que la nuit.

Olivier a déjà fermé les yeux.
Olivier n'a pas encore fermé les yeux.

Ce matin, le ciel est déjà clair.
Ce matin, le ciel n'est pas encore clair.

Les feuilles sont déjà tombées.
Les feuilles ne sont pas encore tombées.

J'ai regardé le film jusqu'à la fin.
J'aimerais monter jusqu'au ciel.
Olivier et son frère sont allés jusqu'au village.

Pourvu que je ne fasse pas de cauchemar.
Pourvu que le soleil ne se cache pas.
Pourvu qu'elle nous prête la vieille valise.
Pourvu qu'il n'ait pas mal aux yeux.

Je rêve qu'il y a un dragon sous mon lit.
Magali rêve qu'elle a une bague magnifique.
Olivier rêve qu'il porte un habit de feuilles.
Pierre rêve de faire un voyage sur la lune.

La chauve-souris

A Mi-Carême, en Carnaval,
On met un masque de velours.
Où va le masque après le bal ?
Il vole à la tombée du jour.

Oiseau de poils, oiseau sans plumes,
Il sort quand l'étoile s'allume,
De son repaire de décombres.
Chauve-souris, masque de l'ombre.

Robert Desnos

Le fantôme du salon

1) L'histoire se passe dans une grande maison de campagne, pendant les vacances. C'est le soir. Les parents sont partis au théâtre. Corinne (16 ans) a la garde des enfants.

2) Corinne raconte une histoire drôle. Tout le monde rit beaucoup, puis chacun va se coucher.

3) Tout est calme dans la grande maison. Les enfants dorment déjà. Pourtant, Corinne n'est pas rassurée. Elle n'arrive pas à s'endormir.

4) Tout à coup, un bruit : *tac ! tac ! tac ! tac !* puis, plus rien. D'un bond, Corinne saute au bas de son lit. Le bruit recommence. On dirait qu'il vient du salon.

5) Affolée, Corinne réveille d'abord l'aînée des enfants.
Les autres se lèvent aussi.
Maintenant, ils entendent tous ce bruit bizarre.

6) Corinne a une idée : il faut se défendre contre ce « fantôme ».
Sur la pointe des pieds, la petite troupe descend dans la cuisine.
Anne prend une casserole, Julie, des fourchettes, Clément, une louche et Corinne, un balai.
Ils se dirigent vers le salon.

7) Corinne ouvre la porte...
Que voit-elle ?

Le fantôme, c'était donc la chienne de la maison!

L'aventure de François

C'est l'été. François est en colonie de vacances.
Ce matin-là, il part dans la forêt, avec ses camarades et deux moniteurs.
On s'arrête sous les arbres pour manger, puis on joue.
L'heure du retour arrive.
On reprend le chemin de la colonie.

Mais voilà que la petite Céline tombe.
Le moniteur s'occupe d'elle.
Pendant ce temps, François lève les yeux et... que voit-il, en haut d'un arbre ?
Une petite queue en panache... C'est un écureuil !
François s'approche. Mais l'écureuil saute sur un autre arbre.
Hop ! hop ! François le suit, de plus en plus loin, dans la forêt.

Au bout d'un moment, il s'aperçoit qu'il est seul.
Il court pour rejoindre ses camarades.
Mais il ne retrouve pas son chemin.
Alors, il appelle : « Nicolas !... Pierre !... Nathalie !... »
Personne ne répond. François a peur.
C'est le soir. La forêt est silencieuse.
Tout à coup, il entend un bruit de moteur :
c'est un fermier sur un tracteur.
Il rentre chez lui, après son travail.
François court vers le fermier : « Monsieur, Monsieur !
Je me suis perdu ! Ramenez-moi à la colonie ! »

François est rentré à la colonie, perché sur la remorque,
au milieu d'un tas de paille. Il n'était pas fier du tout !
Les moniteurs lui ont dit :
« On te cherche depuis deux heures.
La prochaine fois, tu ne suivras pas les écureuils ! »

	ill — il		i		y	
[j]	paillette feuillage barbouillé	paille — travail feuille — écureuil oreille — soleil	hier	Pierre vieux viande	yeux	essayé noyer

le portail
un détail
un éventail
du corail
un rail — le train déraille
le travail — Mathieu travaille

la paille — des paillettes
la taille — un tailleur — la bataille
une caille — des écailles — un caillou
une maille — un maillot de bain

un écureuil
le chevreuil
mon fauteuil

une feuille
un feuilleton

je barbouille — je me débarbouille
tu te mouilles — tu es mouillé
des nouilles — une grenouille
la rouille — un clou rouillé
je fouille dans mon sac

le réveil — tu te réveilles — réveillez-vous !
le sommeil — je sommeille — ne sommeillez pas !
un conseil — je te conseille — conseillez-moi !
un vieil arbre — une vieille maison — vieillir
c'est pareil — elles sont pareilles
le soleil — une journée ensoleillée

une oreille
une abeille
la bouteille
une groseille

ta fille — la fillette
cette bille — un billet — habille-toi !
une quille — une coquille — la jonquille
le soleil brille — briller — c'est brillant

quel beau papillon !

il ne faut pas crier
le sucrier
le calendrier
le mois de février
un ouvrier
mon tablier
je ne dois pas oublier mon cahier

un pommier
un poirier
un cerisier
un olivier

un épicier
le pâtissier
le tapissier
un jardinier

le chien — la chienne
le tien — la tienne
le sien — la sienne
le mien — la mienne

le premier — la première
le dernier — la dernière
le fermier — la fermière
l'infirmier — l'infirmière

un pion — le champion
un lion — un million
un avion
un camion
la télévision

un vieux manteau
c'est mieux
adieu !

ne vous noyez pas ! — un noyau
le voyez-vous ? — un voyage
soyez sages !
croyez-moi !

joyeux anniversaire !

il faut bien nettoyer
le chien a aboyé
la classe des moyens

un tuyau d'arrosage

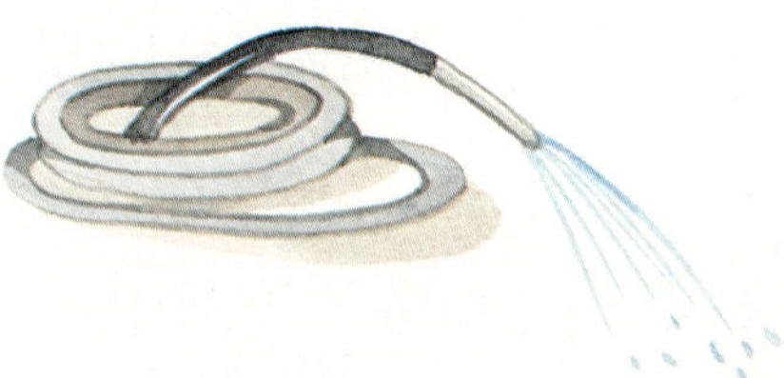

un crayon
un rayon de soleil
nous payons l'épicier
essayons de sauter !
balayons l'escalier !

j'aime essuyer les verres
ne va pas ennuyer ton frère !
il faut appuyer plus fort !

	👁 gn	
👂 [ɲ]	baigneur soigné magnifique	montagne soigne campagne

j'ai soigné ma sœur

mon poignet — un poignard

un champignon

cet agneau est mignon !

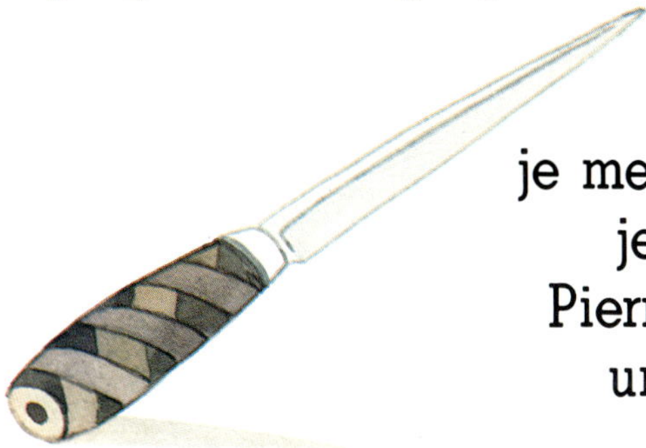

je me baigne — la baignoire

je saigne du nez — j'ai saigné

Pierre signe — la signature

une ligne — alignez-vous !

cr je crains le froid la viande crue les crocs du chien

gr un grain de blé une grue un gros gâteau

une crise de foie un cri j'écris — l'écriture

elle est grise le ciel gris

cre du sucre l'encre

gre un tigre l'ogre

cl un clan ma classe un ciel clair — un éclair

gl un gland une glace je glisse — une glissade

cle mon oncle une boucle

gle mon ongle un aigle — une règle — le pain de seigle

Le bras cassé

Ce matin, tout va mal pour Olivier.
Il n'écoute pas la maîtresse.
Il n'ose pas bouger. Il a du mal à écrire.
Alors, la maîtresse lui demande :
« Mais enfin, Olivier, que se passe-t-il ?
— J'ai très mal au bras.
— Depuis quand as-tu mal ?
— Depuis tout à l'heure. Je suis tombé en venant à l'école. »
Et Olivier se met à pleurer.

La maîtresse regarde le bras d'Olivier et lui dit :
« Surtout, ne t'inquiète pas ! »

Elle va chercher le Directeur.
« Il faut faire examiner ton bras, Olivier ;
on va te conduire à l'hôpital. »
Olivier n'a pas l'air rassuré.
« N'aie pas peur, ta maîtresse va aller avec toi.
Pendant ce temps, je préviens tes parents. »

A l'hôpital, on fait une radiographie du bras d'Olivier, pour savoir si l'os est cassé.

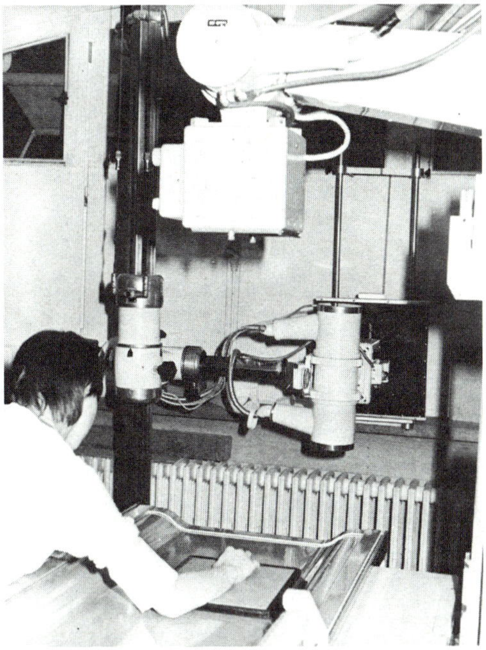

Cet appareil prend une photo du bras.

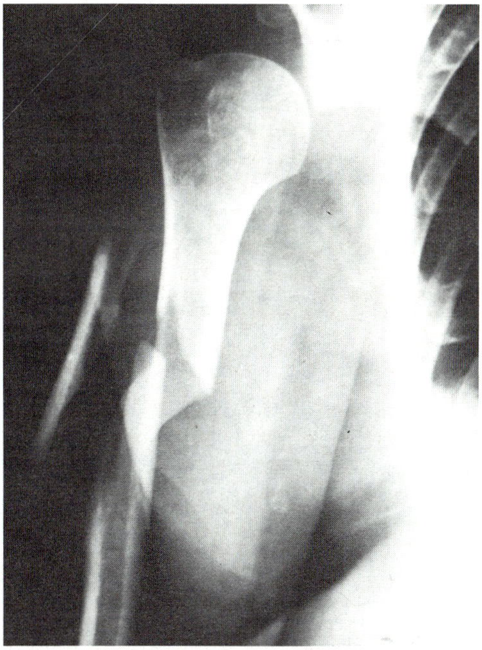

Voici la radiographie : Olivier a un os cassé.

Olivier enfile un tissu sur son bras pour le protéger.

Le médecin trempe dans l'eau des bandes déjà plâtrées.

Il les enroule autour du bras.

Le plâtre empêche l'os de bouger.
Alors, l'os se ressoudera tout seul.

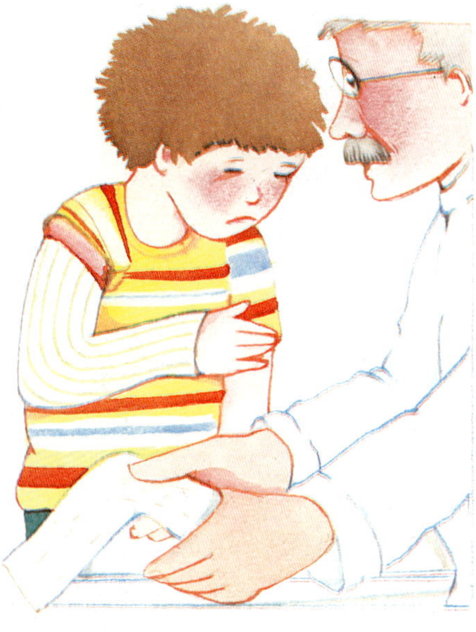

Au bout de quatre semaines, le médecin coupe le plâtre et l'enlève.

Il refait une radio, pour voir si l'os est bien ressoudé.

Olivier doit faire travailler son bras soigné.

Mais, pendant un mois, il doit être très prudent.

La couveuse

Dimanche, Pierre est allé voir sa maman, à la maternité.
Il était impatient de connaître sa petite sœur.

En entrant dans la chambre, il demande : « Où est Aurélie ?
— Ta petite sœur est arrivée trop tôt.
Elle est dans une couveuse :
c'est une petite chambre tout en verre.
Les bébés qui sont nés trop tôt, y sont bien au chaud.
Mais tu peux aller la voir. »

Pierre suit son père.
Derrière une grande vitre,
il découvre Aurélie :
« Elle est toute petite !
Mais comme elle est jolie ! »

La piqûre de guêpe

Un jour, pendant les vacances, Alice et ses parents
pique-niquaient au bord d'une rivière.
Sur la nappe, Alice avait disposé des assiettes en carton,
des gobelets, des couverts.
Alice avait bien aimé les œufs à la mayonnaise,
le poulet et les chips.
Au moment où elle se régalait avec une pêche bien sucrée,
une guêpe l'a piquée au doigt.
Alice a tout lâché ; elle gesticulait en pleurant.
Vite, sa maman a mis du vinaigre sur le doigt.
Le doigt était tout enflé et Alice avait très mal.
Mais ensuite, la douleur s'est calmée.

Code du piéton

1) Pour traverser, va jusqu'au passage pour piétons.

2) Même sur un passage pour piétons, regarde bien de chaque côté de la route avant de traverser.

3) Traverse quand le bonhomme est vert.
Alors, le feu pour les voitures est rouge.

4) A un croisement, traverse une rue et puis l'autre.

5) Si tu fais tomber quelque chose en traversant, ne cours pas pour le ramasser.
Regarde bien d'abord s'il n'y a pas de voitures.

6) Sur le trottoir, marche près des maisons et non pas au bord de la rue.

Pour mieux comprendre l'histoire

Un valet : c'était autrefois un homme qui travaillait dans la maison des gens riches et qui les servait. Pour une femme, on disait une servante.

Atteler un cheval : c'est l'attacher à la charrette, pour qu'il puisse la tirer.

Un vacarme : c'est un très grand bruit.

Un chaudron : c'est une grosse marmite avec une anse, dans laquelle on faisait cuire les repas.

Le conte des trois frères

Un jour, un pauvre homme mourut, ne laissant à ses trois fils qu'un coq, un chat et une chèvre.

« Eh bien, dit le fils aîné, ici la nourriture n'est pas souvent grasse ; j'ai envie d'aller voir si ce n'est pas mieux ailleurs. »
Il met son coq dans un panier, pose le panier sur sa tête et dit adieu à ses frères.

A force de marcher, notre homme arrive devant une grande maison, au milieu d'un bois noir.
Des valets et des servantes vont et viennent.
Il demande à être logé pour la nuit ; on lui dit oui.
Après avoir bien mangé, il va se coucher à l'écurie, près des chevaux.
A minuit sonné, il est réveillé par un grand remue-ménage.
Il se lève pour demander où il y a le feu.

« Nulle part, lui répond-on. Nous attelons les chevaux pour aller chercher le soleil, comme nous le faisons chaque nuit.
— Vous n'avez donc pas de coq, braves gens ?
— Qu'est-ce que c'est, un coq ?
— Un petit animal à plumes qui fait venir le soleil, sans jamais rater son coup.
J'en ai un dans mon panier. Si vous voulez, je vous le vends et alors, vous pourrez dormir dans vos lits jusqu'à l'aube. »

Voilà le coq vendu pour un prix extraordinaire.

Le deuxième frère était parti avec son chat, pour chercher fortune dans une autre direction.
A force de marcher, il arrive près d'un grand moulin, sur une rivière.
Le meunier lui donne à manger de bon cœur, peu de chose cependant.

Tout le monde avait l'air inquiet.
Chaque homme, chaque femme, et même chaque enfant, avait toujours un bâton à portée de la main.
Quand notre homme demande pourquoi, on lui répond qu'il verra bientôt.
Il est à peine couché qu'il entend un vacarme épouvantable : cris, coups de bâtons, bruits de chaudrons.
Il demande ce qui se passe. On lui répond :
« Nous chassons les rats et les souris.
Sans quoi, demain, il ne restera pas un seul grain.
— Ce n'est que cela ? dit notre homme. Laissez-moi faire ! »
Et il libère le chat.

L'animal, qui a très faim, tue tant de rats et de souris qu'on n'en trouva plus pendant longtemps.

Et voilà le chat vendu, lui aussi, pour un prix extraordinaire.

Iles

A Palma de Majorque
Tout le monde est heureux.
On mange dans la rue
Des sorbets au citron.

Des fiacres, plus jolis
Que des violoncelles
Vous attendent au port
Pour vous mettre à l'hôtel.

Racontez-moi encore
Palma des Baléares
Je ne connais qu'une île
Au milieu de la Marne.

JEAN COCTEAU

	[ɑ̃]	[a] [n]
an	flan blanc bande cantine manteau angine pantalon	banane canari manège animal panne année anniversaire

	[ɑ̃]	[ə] [n]	[ɛ] [n]	[ɛ̃]	(muet)
en	déménagement enfant gentil ventre	grenier venir	antenne ennemi	bien chien	elles chantent ils jouent

	[ɔ̃]	[ɔ] [n]
on	ils vont dindon bondir confiture rencontre monte	donner bonne connaître monnaie moniteur

	[ɛ̃]	[i] [n]
in	vin enfin coquin cinq invente épingle	vinaigre finir coquine cinéma inutile cuisine

	[ks]	[gz]	[s]	[z]	(muet)
x	extraordinaire vexé taxi	exercice existe examiner	six dix	sixième dixième	courageux les bateaux deux

explique-moi
une explosion
j'expédie un colis
une exposition
à l'extérieur de la classe
excuse-moi !
un excellent film

c'est exact
un examen
un exemple
l'ananas est un fruit exotique

la boxe
un texte
le klaxon

soixante journaux

ils sont six — j'ai six ans — six chevaux
elles sont dix — tu as dix œufs — dix cailloux

Les petits de Noukette

Aux vacances de février, Pierre a gardé Noukette,
le cochon d'Inde de la classe.
Il l'a mis dans la même cage que le sien.
Quand Pierre a rapporté Noukette, il a dit :
« Peut-être que Noukette va avoir des bébés,
parce que mon cochon d'Inde est un mâle. »

Ce matin, Magali trouve Noukette qui s'occupe de ses petits.
Tous les enfants de la classe viennent regarder.
« Ça y est, ils sont nés !
— Combien a-t-elle de petits ?
— J'en vois trois. Ils sont mignons.
— Ils bougent déjà.
— Ils ne sont pas tous de la même couleur.
— Qu'est-ce qu'ils vont manger ?
— Ils vont sûrement boire le lait de leur maman.
— Noukette a attendu longtemps ses petits ?
— Un peu plus de deux mois.
— Ce n'est pas long.
Ma maman a attendu son bébé neuf mois ! »

Comment installer le cochon d'Inde ?

Le cochon d'Inde aime avoir de la place.
Le mettre dans une grande cage, avec de la paille ou des journaux au fond.
Il faut beaucoup de paille en hiver.
Il faut la changer souvent.

Quand les petits naissent, ils ont des poils, ils voient et ils marchent.

A trois mois, il faut séparer les mâles ; sinon, ils se battent.

Le cochon d'Inde vit environ 3 ans.
La femelle porte ses petits deux mois.
Elle peut avoir des petits, trois fois dans l'année.

Que mange le cochon d'Inde ?

Le cochon d'Inde aime grignoter :
— les carottes,
— les pommes,
— les choux,
— le pain,
— toutes les salades.

Il n'aime pas :
— le chocolat,
— la viande.

Le cochon d'Inde mange beaucoup.
Il faut lui donner à manger peu à la fois.
Il peut manger une salade aussi grosse que lui.

Le cochon d'Inde coupe ce qu'il mange avec ses 4 petites dents de devant (2 en haut, 2 en bas).
Il faut qu'il use ses dents en rongeant, sinon elles deviendraient trop longues.

On met souvent les cochons d'Inde avec les lapins.

Noukette rêve

« Ah ! si Pierre pouvait laisser la porte ouverte...
Je sortirais vite de ma cage et j'irais sur la pelouse.
Je mangerais l'herbe fraîche ;
je regarderais les boutons d'or et les pâquerettes.
Je me cacherais dans un buisson.
Pierre me chercherait ; et moi, je m'amuserais bien
à le voir courir partout, affolé. »

Les petits lapins d'Agnès

Agnès annonce, en arrivant en classe :
« Moi, j'ai des petits lapins qui viennent de naître.
Ils ne sont pas du tout comme les petits cochons d'Inde.
Les petits lapins n'ont pas de poils ;
ils ne voient pas encore et ils restent près de leur maman,
sans marcher.
Maman lapin leur donne son lait pendant trois semaines. »

Magali reçoit une lettre

Aujourd'hui, Magali reçoit une lettre.
Elle ouvre l'enveloppe et elle trouve ce carton :

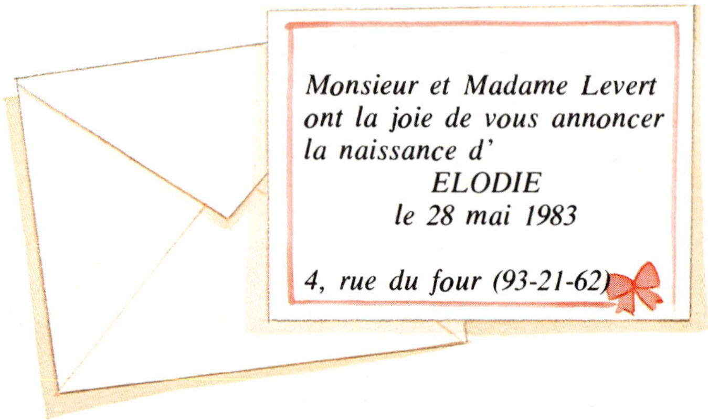

Monsieur et Madame Levert
ont la joie de vous annoncer
la naissance d'
ELODIE
le 28 mai 1983

4, rue du four (93-21-62)

Magali fait le numéro de téléphone indiqué.
« Allo ! Je suis bien chez Madame Levert ?
— Oui. Bonjour, Magali. Ici, c'est Mathieu.
— Tu es tout seul ?
— Bien sûr. Ta tante est encore à la maternité, avec Elodie. Elle rentrera dans quelques jours.
— Alors, tu ne t'ennuies pas ?
— Non, j'ai beaucoup à faire.
Si tu veux, je viens te chercher demain et nous irons voir ta tante et Elodie.
— Oh ! oui, je veux bien. A demain ! »

Pour mieux comprendre l'histoire

Le clapier : c'est une petite cabane dans laquelle on élève les lapins.

Une haie : c'est une sorte de barrière formée de petits arbres (des arbustes), serrés les uns contre les autres.

Examiner un endroit : c'est le regarder, l'observer en faisant très attention.

Un aigle : c'est un oiseau qui se nourrit des animaux qu'il chasse (lapins, souris...)

Blanchou a encore disparu

Madame Charon appelle :
« Mélanie, va donner ces croûtes au lapin. »
Mélanie se dirige vers le clapier.
La porte est grande ouverte. Mélanie se précipite.
Elle examine soigneusement l'intérieur de la cage :
Blanchou n'est plus là.
« Maman, viens voir : la cage est encore ouverte.
Blanchou a disparu. Comment a-t-il fait ?
Je vais voir Monsieur Julien, notre voisin. »

Monsieur Julien est toujours occupé dans son jardin, tout entouré de haies.
Mélanie lui raconte ce qui lui arrive.
Monsieur Julien lui dit :
« Ton lapin n'est sans doute pas loin.
Regarde dans les rangées de choux.
C'est là que je l'ai retrouvé la dernière fois. »
Mélanie regarde bien entre chaque chou.
Elle jette aussi un coup d'œil aux alentours.
Non, rien ne bouge. Blanchou est bien perdu.
Monsieur Julien a bien envie de dire à Mélanie qu'elle exagère !

« C'est la deuxième fois, en huit jours, que ton lapin se sauve.
Tu pourrais vérifier si la porte du clapier est bien fermée. »
Mais, quand il voit son air désolé, Monsieur Julien lui dit :
« Tu n'as vraiment rien vu ? »
Mélanie hausse les épaules. Elle est déçue.
Elle était tellement sûre de retrouver Blanchou ici !
Elle déclare : « Je suis sûre que le renard malin, qui a toujours faim, va manger mon Blanchou.
— Mais non, on le retrouvera avant ce soir.
— Ou alors, un aigle va venir le prendre et l'emportera dans le ciel, comme je l'ai déjà vu à la télé.
— Mais non, Mélanie, il n'y a pas d'aigle ici.
Si tu veux, je te donne un de mes lapins.
— Non, merci, dit Mélanie, c'est mon Blanchou que je veux. »

Tout à coup, de l'autre côté de la haie, Maman crie :
« Mélanie, je le vois ! Viens vite ! »
Mélanie se précipite.
Blanchou est caché là, au milieu de la haie.
Il veut bien se laisser attraper.
Mélanie a pris Blanchou tout contre elle. Elle lui dit :
« Tu es un affreux vilain, mais je t'aime bien quand même ! »

		[ʃ]	[f]	[k]
h	herbe histoire habite cahier théâtre rhume	chaud vache	pharmacie téléphone éléphant	orchestre

Christine — une chorale — chantons en chœur — un écho

	[k]	[s]	[ʃ]	
c	cabane sac écrire beaucoup cube	merci médecin cerise glace garçon reçu	chambre douche	un franc

au cinéma
un citron
voici des fleurs
par ici !
les cils
je récite
c'est facile

c'est cela
cette sucette
Cécile

silence !
la France
mon pouce

une épicerie
la ficelle

un glaçon
un maçon
la leçon

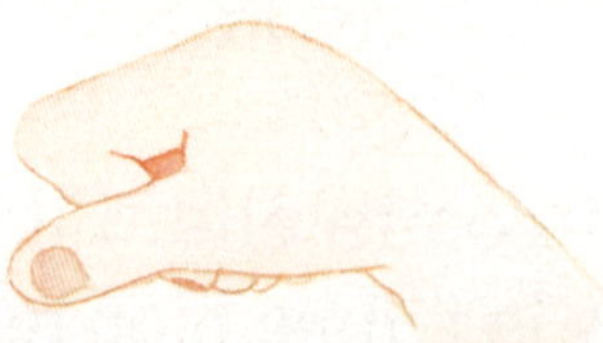

j'ai aperçu Françoise
la façade du château
on traçait des lignes

	[e]	[ɛ] [R]	[ə] [R]
er	boulanger léger chanter pommier janvier	fer elle perd une ferme une herbe	il fera une cerise nous chanterons

	[s]	[z]	
s	soleil reste chanson autobus verse aussi	usé choisir fraise valise	nous les amis vers

	[t]	[s]	[ɛ] ou [e]	
t	tomber tabouret étoile porte attendre	récréation opération patience	jouet bouquet tabouret	mot port

attention !
une invitation
une station-service

une addition
une collection
la direction

tu es patient
je suis impatient
une acrobatie

L'hirondelle raconte son histoire

Madame Lelièvre a trouvé une hirondelle blessée.
Elle l'a apportée en classe.
Les enfants ont écrit un texte :
« L'hirondelle raconte son histoire ».

« Je suis une petite hirondelle bleu marine.
Mes yeux sont ronds comme des perles.
Je suis partie d'Afrique.
Quand j'arrive en France, c'est le printemps.
Je retrouve mon nid, sous le toit d'une maison.
Un jour, un chat me saute dessus, me prend par l'aile et m'emporte. Mais je tombe à terre.
Une dame me ramasse et me présente à ses élèves.
Maintenant, je me sens triste.
J'entends mes sœurs, les hirondelles, qui crient joyeusement dans le ciel. Je voudrais bien les rejoindre. »

La petite hirondelle a guéri.
Les enfants l'ont regardée partir vers ses sœurs.
Elle poussait de petits cris joyeux.
Elle semblait dire : « Merci, merci, merci... »

Les oiseaux font leur nid avec des brins de paille, de l'herbe sèche, de la laine et quelques plumes.

La femelle pond ses œufs dans le nid.

Les œufs ont besoin de chaleur : la femelle les couve.

Bientôt, les oisillons brisent la coquille avec leur bec et sortent des œufs.

Le père et la mère nourrissent leurs petits avec des vers et des insectes.

Plus tard, les jeunes oiseaux quittent le nid et vont chercher leur nourriture eux-mêmes.

L'aigle, l'épervier attrapent
des rats et des lapins,
avec leurs serres.

Les canards se déplacent
sur l'eau, grâce à leurs pattes
palmées.

En automne, les hirondelles
et les cigognes s'envolent
vers des pays chauds.
Au printemps, elles reviennent.

Les mouettes et les goélands
sont des oiseaux de mer.
Quand ils voient un poisson,
ils plongent sur lui,
pour le pêcher.

Une chatte parcourt 100 kilomètres pour rejoindre sa maîtresse

En juillet 1982, Madame Lapie, secrétaire de la mairie de N..., est partie en vacances pour un mois.
Elle s'est arrêtée au village voisin, pour y laisser Grisette, sa chatte angora.
Les vacances terminées, elle est venue reprendre Grisette.
Hélas, celle-ci s'était enfuie depuis huit jours.
Madame Lapie a passé deux jours à sa recherche.
Mais pas de Grisette ! Alors, elle est rentrée chez elle à N...

L'autre matin, un chat a miaulé à la porte de la mairie, de plus en plus fort.
Madame Lapie a ouvert la porte et... Grisette a fait son entrée.
Elle avait parcouru 100 kilomètres à pattes ! !

On imagine la surprise de Madame Lapie, sa joie et celle de Grisette !

L'apprenti jardinier

Si tu as un géranium bien touffu, tu peux faire des boutures.

1. Pour cela, détache une branche de la tige principale.
2. Coupe les fleurs et les feuilles les plus basses.
3. Coupe très nettement la tige, sous un nœud.

4. Plante ensuite cette bouture, dans un pot rempli de terre.
5. Arrose-la souvent.
   De temps en temps, nourris-la avec de l'engrais.
6. Elle grandira vite et fleurira.

Protégeons la nature

Les animaux sont menacés, les forêts et les plages sont en danger. Nous devons tous les protéger.

La forêt est le royaume des arbres et des animaux. Quand elle brûle, des centaines d'écureuils, de chevreuils, d'oiseaux meurent aussi. Alors, attention au feu !

Si tu te promènes dans la campagne, ne détruis pas les nids, ne prends pas les œufs. Donne plutôt des grains ou des miettes de pain aux oiseaux. Ils ne trouvent plus de nourriture, parce que beaucoup d'insectes sont détruits. Certains insectes sont pourtant très utiles.

Trop souvent, les promeneurs arrachent les racines des fleurs sauvages. Elles ne pourront plus repousser. Si tu cueilles une fleur, coupe bien sa tige.

Après un pique-nique, enterre les papiers, les boîtes vides ou emporte-les chez toi pour les jeter. Surtout, ne les brûle pas !

Si ta famille et tes amis font comme toi, vous aiderez certainement à sauver la nature.

Le jardin interdit

Au bout de la rue de Dominique, il y a une maison, entourée d'un grand jardin. La maison est toujours fermée. Le jardin attire Dominique, mais un mur très haut le cache.

Aujourd'hui, il fait très beau. Le printemps est arrivé. En haut du mur, une rose dépasse. Dominique voudrait bien la cueillir ! Elle met un pied dans un trou, entre les pierres du mur. Elle s'accroche à une racine et, finalement, elle arrive en haut. Quel jardin extraordinaire !

Dominique voit d'abord une grande pelouse verte, entourée d'arbres immenses. Les allées sont pleines d'herbes folles. Les rosiers grimpent le long du mur. Dans la pelouse, des centaines de pâquerettes et de fleurs sauvages poussent librement. Personne, ici, ne vient déranger les oiseaux. Ils ont fait tranquillement leurs nids dans les arbres. Et ils chantent la joie du printemps. Dominique reste un long moment à les écouter. Puis, elle allonge un peu le bras et elle cueille la rose.

« Je connais un jardin merveilleux », dit-elle à sa maman, en lui offrant la fleur.

Le rosier de Madame Sainfoin

Une vieille dame, Madame Sainfoin, avait un rosier
qu'elle aimait beaucoup.
Pour le nourrir, elle mettait dans la terre du crottin de cheval,
qu'elle ramassait dans la rue.

Un jour, un marchand de chiffons passe devant chez elle.
Sa carriole est tirée par un âne.
Madame Sainfoin vend quelques vieilles robes
au bonhomme.

Puis elle caresse doucement le front de l'âne
et lui donne quatre morceaux de sucre.
« Je vois que vous aimez les animaux », dit le chiffonnier.

Quand il est reparti, Madame Sainfoin découvre sur le sol
quatre crottins magnifiques.
Elle les ramasse vite avec sa pelle
et les met au pied de son rosier.

Le lendemain matin, elle ouvre ses volets : merveille !
Le rosier a tellement grandi qu'il dépasse le toit de la maison.
Et, chaque nuit, il grandit un peu plus.

Mais un jour, un avion manque de coincer son moteur dans les branches et les épines du rosier.
Le lendemain, le capitaine de gendarmerie sonne à la porte de la vieille dame. Il est accompagné de trois pompiers.

« Vous êtes bien Armelle Sainfoin ?
— U-i, u-i, c'est moi.
— Il est à vous, le rosier géant qui gêne la circulation des avions ?
— U-i, u-i.
— Alors, vous allez le couper tout de suite !
— Mais comment voulez-vous que je fasse, Monsieur le Capitaine ?
— Bon ! Nous allons le faire nous-mêmes. »

Les trois pompiers coupent le rosier.
En tombant, il touche un poteau électrique.
Le rosier prend feu.
Et il ne reste plus que des cendres, dans l'allée du jardin et le long de la rue.

Mais le lendemain — ô merveille ! — des milliers de rosiers ont poussé sur les cendres.
Il y en a dans l'allée, le long de la rue et aussi sur tout le sol de l'aérodrome.

Et, pendant une journée entière,
les roses ont bloqué tous les avions au sol.

Le nouveau logement

« Ça y est ! J'ai peut-être trouvé quelque chose ! » annonce papa en arrivant à la maison.
Papa et maman travaillent loin. Tous les jours, ils partent en train, de bonne heure, et rentrent tard, fatigués.
Alors, papa et maman ont décidé d'aller habiter en ville.
« Qu'est-ce que tu as trouvé ? demande maman.
— J'ai trouvé un appartement, près de ton travail.
C'est dans un immeuble de six étages, au second.
Il y a trois chambres et c'est clair. »
Maman écoute avec attention.
Elle demande à papa :
« Quand pourrons-nous le visiter ?
— On peut aller le voir samedi. Il sera libre dans un mois.
Samedi, nous nous déciderons. »
La petite sœur de Pierre ne sait pas encore parler.
Elle les regarde tous, sans comprendre. Alors Pierre lui dit :
« On va peut-être aller dans une nouvelle maison.
Toi aussi, tu auras ta chambre. »

Samedi, papa, maman et Pierre vont visiter l'appartement que papa a trouvé. Ils vont à la gare.

Le guichet
où on achète les tickets.

Le kiosque où on peut acheter
des journaux.

Avant d'aller sur le quai,
il faut introduire son billet
dans une machine
qui y marque la date.

Le passage souterrain
pour aller sur le quai.
Les voyageurs ne doivent pas
traverser les voies ferrées.

Le chef de gare donne le signal du départ.

Pour que les trains circulent, il faut des personnes :
— qui conduisent les trains,
— qui installent et réparent le matériel,
— qui travaillent dans les gares.

locomotive wagon-citerne

Un train de marchandises

Le contrôleur examine les billets.
Il surveille ce qui se passe dans le train.
Il renseigne les voyageurs.

wagon-restaurant wagon-couchettes

Un train de voyageurs

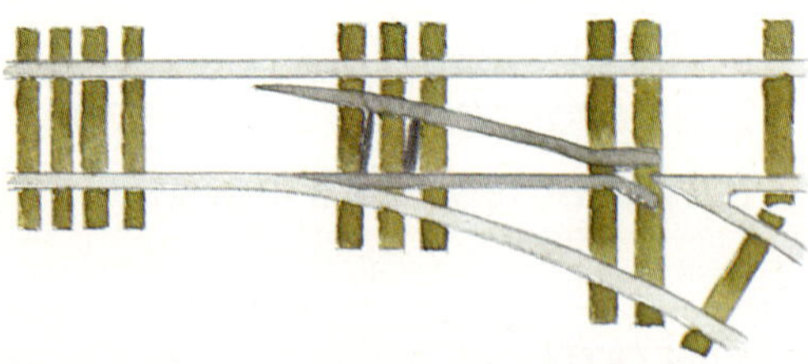

Les rails guident le train.
Les aiguillages permettent de faire changer un train de direction : le train peut alors aller sur une autre voie.

Le passage à niveau est l'endroit où une route et une voie ferrée se croisent.
Le passage à niveau se ferme pour laisser passer un train.

La visite du nouvel appartement

Dans la rue du Lac, on remarque facilement l'immeuble neuf.
Pierre est étonné : que de fenêtres !
Une dame les attend pour la visite.
Maman appelle l'ascenseur.
Toute la famille monte jusqu'au deuxième étage.
La dame ouvre une porte et dit :
« Voilà la cuisine et son balcon, la salle à manger et le salon, la salle de bains, les W.C., les trois chambres. »
L'appartement est complètement vide.
La dame dit : « Vous avez le soleil presque toute la journée. »

Pierre demande à papa :
« Où sera ma chambre ? Je voudrais bien la bleue.
— Oui, dit papa, et on installera Aurélie juste à côté. »
La dame continue : « En bas, vous avez un jardin avec des jeux pour les enfants.
Le centre commercial est à cinq minutes, tout près de l'école. »
Papa et maman se regardent. Que vont-ils décider ?

Le déménagement

Il y a huit jours, les déménageurs ont apporté
des caisses et des cartons vides.
Depuis, chaque jour, papa et maman vident les armoires.
Pierre et Aurélie voudraient bien les aider,
mais ce n'est pas possible.
Où se mettre, sans être bousculé ?
Que faire quand les jouets sont rangés ?

Aujourd'hui, Aurélie est gardée par une voisine.
Les quatre déménageurs sont arrivés de bonne heure ;
ils démontent les meubles.
L'immense camion garé devant la maison avale tout :
Pierre voit ainsi partir son lit, son armoire, le canapé,
les chaises, la table, le buffet...
A midi, on déjeune assis par terre, avec des sandwiches.
Les déménageurs reviennent et finissent de charger.
Ils ferment les grandes portes du camion.
Pierre ferme les volets, tout triste.
Au revoir, ma maison ! Au revoir, voisine !

Découverte du quartier

Hier, les déménageurs ont remonté les meubles.
Pierre a passé sa première nuit dans la chambre bleue.
Dans un coin de l'appartement, il reste encore plusieurs cartons contenant des habits et des affaires à ranger.
Papa dit à Pierre : « Avant de finir les rangements, nous allons explorer le quartier et nous ferons les courses. »
Au centre commercial, Pierre et son père découvrent le supermarché, la boulangerie, le marchand de journaux, la boucherie-charcuterie, une banque, une quincaillerie et un fleuriste.

Ils reviennent à la maison, et traversent le jardin public.
Pierre aperçoit un toboggan.
Son père lui demande : « Tu veux l'essayer ? »
Pierre monte à l'échelle et glisse, glisse jusqu'au sable.
En se relevant, il sourit, tout content :
« Je crois que je l'aime déjà, notre nouveau quartier ! »

Jean-François va dormir chez Sébastien

« Allo, Sébastien ? C'est moi, Jean-François.
Est-ce que je peux venir ?
— Oui, je t'attends. »
Avant de sortir, Jean-François écrit rapidement ce mot qu'il pose sur la table de la cuisine :

Maman, je suis chez Sébastien. Grosses bises.
Jean-François

Sébastien habite l'appartement
situé cinq étages plus haut, dans l'immeuble.
Jean-François aime beaucoup aller chez son ami.
Sébastien, lui, dit toujours :
« Il en a de la chance, Jean-François.
Il n'a ni frère, ni sœur pour l'ennuyer.
Sa chambre est toujours bien rangée.
Il a un lit-bateau et son portrait sur son petit bureau. »

Jean-François lui répond :
« Chez nous, c'est petit : il faut tout ranger,
sinon on ne peut plus bouger.
— Ce qui serait bien, dit Sébastien,
c'est que tu viennes coucher chez nous mardi soir. »

Et mardi, après l'école, voilà Jean-François qui sonne chez Sébastien. Il tient à la main son sac de sport, dans lequel il a mis ses affaires de toilette et son pyjama. Sébastien lui dit : « Tu t'installes dans ma chambre. Ce soir, je te prête ma couette. »
Sébastien ouvre son coffre à jouets.
Il en sort des autos, un camion-grue, un garage, une locomotive et trois wagons, un jeu de construction.
Sébastien et Jean-François, à plat ventre sur la moquette, construisent une nouvelle ville.
Quelle circulation ! Les voitures se croisent, se doublent.
Elles klaxonnent, elles foncent, puis elles n'avancent plus.

Mes amis, quel fouillis dans la chambre de Sébastien !
Après le repas, Jean-François et Sébastien se mettent en pyjama et jouent encore.
Ils sautent un peu sur les lits. Ils rient.
Bientôt, fatigués, ils s'endorment.
Peut-être que, dans leur rêve, ils finissent de construire leur ville.
Bonne nuit, Sébastien ! Bonne nuit, Jean-François !

g	[g]	[ʒ]	[ɲ]	(muet)
	gomme	pigeon	agneau	
	glisse		soigne	
	magasin			
	légume			
	guêpe	déménageur		
	déguiser	bougie		
	longue	cage		long

i l	[j]	[i] [l]	[i]
	soleil	île	outil
	travail	pilote	gentil
	fenouil	du fil	mon fils
	écureuil	avril	

i l l	[j]	[i] [j]	[i] [l]
	grenouille	brille	ville
	je travaille	coquille	tranquille
	feuille		mille
	bouteille		village

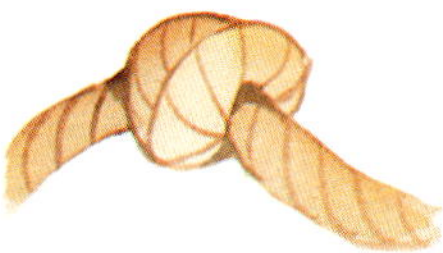

	[ø]	[œ]	[y]
eu	feu il pleut les cheveux	fleur je pleure peur seul	j'ai eu
œu	nœud des œufs	sœur un œuf	

	[k]	[k] [s]
cc	accordéon accompagner accueillir raccrocher raccourcir occasion occuper	accident accent accélérer succès coccinelle

	[i]	[j]	[ɛ̃]
y	pyjama cygne bicyclette pays	les yeux mayonnaise crayon essayer essuyer voyage joyeux	du thym des cymbales

L'arrivée des forains

En sortant de l'école, Olivier et Magali aperçoivent
plusieurs gros camions sur la place.
Que se passe-t-il ?
Des hommes sortent des barrières, des planches,
des plaques de fer qu'ils rangent soigneusement sur le sol.
« Chic ! dit Magali, c'est la fête foraine qui s'installe !
— Oui, ajoute Olivier, elle commence demain. »
Dans un camion ouvert, ils reconnaissent
les autos tamponneuses aux couleurs brillantes.
Un peu plus tard, la construction d'un manège
est bien avancée : la caisse, les panneaux lumineux,
les haut-parleurs sont installés.
D'autres forains arrivent encore et montent leurs baraques :
il y a plusieurs tirs, des loteries, des confiseries,
d'autres manèges,
un train fantôme et des soucoupes volantes.
Magali et Olivier attendent le lendemain avec impatience.

La fête foraine
La grande roue
Les autos tamponneuses
Le tir
La confiserie
La loterie
NOUGAT

Stéphanie va à la fête

Ce matin, Stéphanie est contente :
papa lui a donné un billet de 50 francs pour aller à la fête.
Stéphanie pense qu'elle va bien s'amuser.
Mais par quoi commencer ? Faire un tour de manège ?
Jouer à la loterie ? Acheter une barbe à papa et du nougat ?
Stéphanie aimerait gagner le gros ours en peluche.
Elle voudrait bien aussi monter dans les autos tamponneuses
et sur la grande roue.

A la fin, Stéphanie achète trois tickets
pour monter sur un manège.
Elle monte sur une girafe, décroche le pompon.
« Ça y est ! J'ai gagné un tour gratuit ! »

Le feu d'artifice

Dix heures du soir : il fait de plus en plus noir.
Laurent est impatient de partir.
Dans la rue, les voisins passent déjà.
Son père lui dit de mettre un gros tricot,
car il fera peut-être frais quand ils rentreront.
Laurent et son père marchent au milieu de la rue.
Ils arrivent vite sur la place où le feu d'artifice va être tiré.
Ils attendent longtemps encore,
en bavardant avec les voisins.

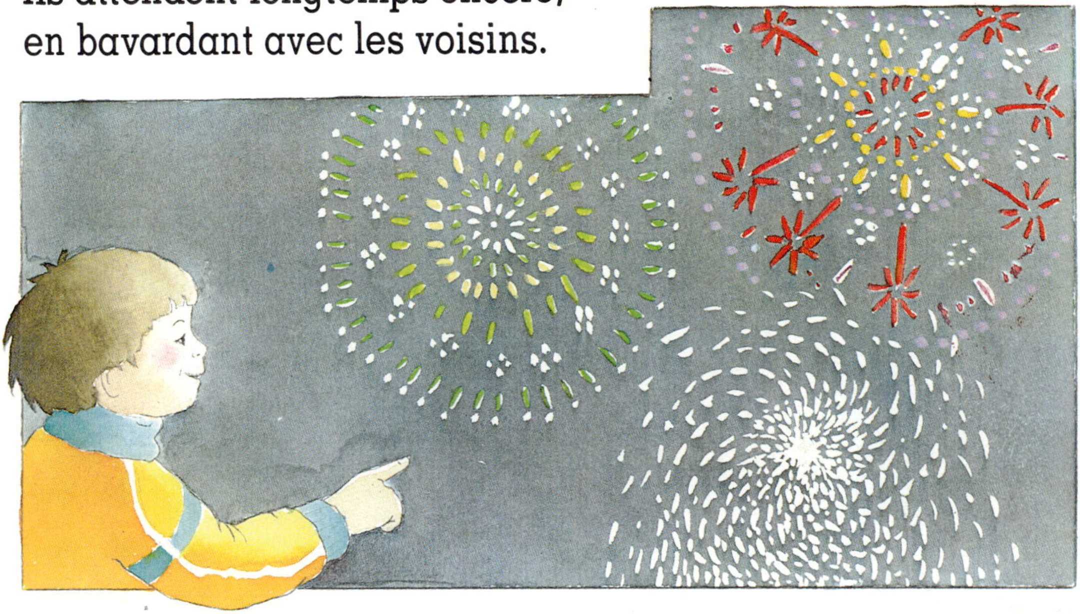

Enfin, le spectacle commence : les fusées sifflent dans l'air,
avant d'éclater en bouquets magnifiques,
de toutes les couleurs.
Laurent est ravi.
Puis, on allume les soleils qui tournent de plus en plus vite.
Ils éclaboussent le sol de feu.
Laurent n'est pas très rassuré.
Quand il rentre, il regarde les étoiles :
« Tu as vu, papa ? Le feu d'artifice continue dans le ciel ! »

Au cirque

Le cirque est installé sur la grande place
depuis hier après-midi.
Ce soir, Pierre assiste au spectacle.
Il est assis tout au bord de la piste.
Trois coups de grosse caisse... et le spectacle commence !
Voici d'abord un jongleur qui lance des anneaux
de plus en plus haut, et les rattrape sans les faire tomber.
Puis, c'est la danse des éléphants : ils sont énormes !
Pierre a envie de reculer.

Tout à coup, la fanfare éclate.
Deux clowns jaillissent du rideau rouge : Jules et Hector.
Jules a de grandes chaussures noires, un gros nez rouge
et un énorme nœud papillon.
Il vient dire bonjour à Pierre : son nez s'allume
et ses cheveux se soulèvent. Pierre éclate de rire.
Hector, lui, s'admire dans une grande glace :
il arrange son joli nœud papillon jaune.

Mais les lumières s'éteignent.
On entend un bruit épouvantable !
Les lumières se rallument : c'est Jules qui a cassé la glace !
« Chut !... » Il fait signe aux spectateurs de ne rien dire.
Hector a eu si peur qu'il est tombé.
Il se relève, plein de poussière.
Son nœud est tout de travers. Il va devant la glace.
Jules, de l'autre côté de la glace,
fait les mêmes gestes qu'Hector.
Hector se brosse. Jules aussi.
Hector s'approche tout près de la glace. Jules aussi.

Hector est très surpris : il porte un joli nœud papillon jaune, et il voit dans la glace un énorme nœud à pois.

Il pense que la glace est sale. Il prend un seau d'eau et...
PAF ! Il reçoit une grande gifle.
« Cette glace est magique ! Jules, au secours ! »
crie Hector en se sauvant.

Pour mieux comprendre l'histoire

Les gitans se déplacent à plusieurs familles,
d'un endroit à un autre.
Ils vivent dans des roulottes ou dans des caravanes.
Ils fabriquent souvent des paniers
qu'ils vendent de porte à porte.

La roulotte
C'est une sorte de maison sur roues,
souvent en bois, tirée par un cheval.

Le campement
C'est l'endroit où on s'installe pour plusieurs jours.

La décharge
C'est l'endroit où on jette
les choses dont on ne se sert plus.

La fête des gitans

Il était une fois un petit garçon, qui s'appelait Manolo.
Il vivait avec ses parents, son grand-père, sa tante
et ses deux sœurs dans une vieille roulotte,
tirée par un cheval gris.
Manolo aimait beaucoup le cheval et, chaque soir,
au campement, il s'occupait de lui.
Il le frottait avec de la paille
et lui donnait à boire et à manger.

Mais un soir, au dîner, le vieux grand-père dit :
« Chaque jour, il faut trouver un champ
pour que le cheval broute
et vous savez comme c'est difficile,
avant d'avoir la permission.
Alors, on va donner le cheval à un fermier d'ici ;
on laissera la vieille roulotte près de la décharge
et on achètera une caravane et une auto. »
Quand grand-père décide quelque chose,
tout le monde obéit.
Après le dîner, Manolo va voir Cheval-Gris.
Il lui explique tout et lui dit de suivre les gitans, de loin.

Le lendemain matin, Manolo s'en va avec sa tante
sonner aux maisons du village, pour vendre des paniers.
Quand il rentre au campement,
le cheval et la roulotte ont disparu.
Devant une caravane, sa mère tresse des paniers
et son père regarde l'auto.
Vite, Manolo monte dans la caravane :
la cuisine est belle et les lits sont doux.
Le jour même, la caravane prend la route.

A l'étape du soir, les gitans bavardent ou chantent
avec leurs amis.
Manolo pense à Cheval-Gris.

*

*   *

Mais le matin suivant, l'auto ne veut pas démarrer.
Grand-père se lamente :
« On nous a vendu une auto en mauvais état.
Et maintenant, comment voyager ?

Il faut la faire réparer ; cela va prendre des journées
et nous n'arriverons pas à temps à la fête des gitans.
Vous autres, vous êtes jeunes, vous pouvez aller à pied.
Mais moi ? »
Manolo ne dit rien.
Il court vite vers le petit bois
où il pense que le cheval est caché.

Grand-père est surpris de voir arriver Cheval-Gris.
Tous les gitans aussi sont très surpris.
On le caresse. On lui donne à boire et à manger.

Grand-père monte sur son dos
et tout le monde le suit jusqu'à la ville.

Les femmes ont mis leurs robes à volants.
Les petites filles ont mis leurs souliers à talons hauts
et les hommes, leurs beaux chapeaux.
Ils suivent, en chantant, la procession
qui descend vers la mer, puis ils reviennent au village.
La nuit venue, la fête continue dans les rues :
on danse et on chante au son des guitares et des violons.

Manolo est bien fatigué quand il va se coucher.
Mais il demande encore :
« Grand-père, quand la voiture sera réparée
et que nous repartirons, que vas-tu faire de Cheval-Gris ?
— Je vais le prêter à un ami d'ici qui s'occupera bien de lui.
Et tous les ans, nous reviendrons le voir,
pour la fête des gitans. »

La couleur locale

Comme il est beau ce paysage
Ces deux vaches ces quelques arbres
et puis l'eau et puis le rivage
comme il est beau.
Très peu de bruit un peu de vent
et beaucoup d'eau
C'est un petit paysage de Bretagne
il peut tenir dans le creux de la main
Quand on le regarde de loin.
Mais si on avance
On ne voit plus rien
On se cogne sur un rocher
ou sur un arbre
On se fait mal c'est malheureux...

A côté de nous il y a un chien avec un chat
et puis un cheval
et puis un ours brun avec un tambourin
et plusieurs animaux très simples dont j'ai oublié le nom
Il y a aussi la fête
des guirlandes des lumières des lampions
et l'ours brun tape sur son tambourin
et tout le monde danse une danse
et tout le monde chante une chanson.

Jacques PRÉVERT

COMPOSITION DE LA MÉTHODE

• **Pour l'élève**
— Livret 1
— Livret 2
— Cahier à découper
— 3 cahiers d'exercices et Jeux de lecture.

• **Pour le maître**
— Livre du maître : guide pédagogique et activités jour par jour.

TABLE

Page 30 : La Nuit étoilée, VAN GOGH, Musée du Jeu de Paume, Paris. Photo Hachette.

Page 33 : La Chauve-souris, ROBERT DESNOS *(Chantefables et Chantefleurs,* Gründ).

Page 48 : Le Conte des trois frères, d'après JAKEZ-HÉLIAS *(Contes bretons,* Editions d'Art Jos le Doaré, Châteaulin).

Page 51 : Iles, JEAN COCTEAU *(Poésie 1916-1923,* Gallimard).

Page 71 : Le rosier de madame Sainfoin *(Astrapi* nº 58, Atelier-Livres B.P. Jeunes).

Page 91 : La fête des gitans (d'après *Le Voyage de Manolo,* Chantal de Marolles, *Les Belles histoires de Pomme d'Api,* in *Pomme d'Api* nº 83, Atelier-Livres B.P. Jeunes).

Page 95 : La couleur locale, JACQUES PRÉVERT *(Spectacles,* Gallimard*).*

Illustrations : JOËLLE BOUCHER *et* MARC TIPHAINE.

Imprimé en France par Offset-Aubin, 86000 Poitiers
Dépôt légal nº 814-7-1985 — Imprimeur nº P 13553
Collection nº 35. — Edition 03. — H 11/4743/8